RESUMEN DEL LIBRO DE

Kazuo Ishiguro

Klara y el sol
(Klara and the Sun)

LibroNacion

Consejos sobre el uso de las pautas de discusión:

● Se recomienda a los lectores y estudiantes que escriban respuestas de 100 palabras a las pautas. Las respuestas escritas se pueden compartir en grupos pequeños de discusión.

● A cada pregunta se le pueden asignar cinco minutos para escribir las respuestas como una forma de revisar las notas antes de compartirlas en grupos pequeños de discusión.

● Usa las preguntas como un esquema para proporcionar comentarios a tus compañeros y piensa en tus propias preguntas para desarrollarlas durante las discusiones para estimular el pensamiento creativo.

Prólogo

Es una técnica de enseñanza simple que ayuda a los estudiantes a aprender y a los lectores a crecer. Con preguntas de discusión versátiles para cada criterio principal con respecto al libro, estas pautas de discusión están diseñadas para ayudar a que surjan discusiones cruciales que sean capaces de ayudar a pensar y aprender en un nivel más profundo.

Las pautas de discusión tienen un efecto positivo en el aprendizaje. Desde cuestionarios simples hasta pensamiento crítico, participar en discusiones puede significar un aprendizaje considerablemente mayor cuando se usa primero. Es una técnica simple que va muy lejos.

Si eres un ávido estudiante dispuesto a alcanzar lo mejor para ti mismo, o un estudiante al que le resulta difícil aprender el tema, estas pautas de discusión pueden hacer que respondas activamente a medida que preguntas, analizas, te identificas y reflexionas.

LibroNacion

Contenidos

Capitulo Uno: Introducción a Klara y el sol

Klara y el sol es una historia ambientada en un mundo de fantasía distópico donde conviven personas y robots. Los niños son genéticamente modificados ("elevados") o no ("no elevados"). Los nacidos en familias que pertenecen a la clase alta a menudo tienen "amigos artificiales" o AF que los acompañarán hasta la edad adulta. Estos compañeros son robots de energía solar dotados de inteligencia propia, cuya versión varía según su modelo de generación. La historia está narrada con los ojos de Klara, la protagonista AF.

En el primer capítulo, las AF femeninas Klara y Rosa son robots recién instalados en una tienda. Están acompañadas por un AF macho llamado Rex. Los tres AF no están ubicados cerca de la ventana donde pueden sentir directamente el sol. Un día, es el turno de Klara de pararse frente a la ventana para absorber la luz solar natural. Allí, ve la vista exterior, lo que despierta su propia curiosidad. Junto a la ventana, Klara ve a una chica en un taxi en el lado opuesto de la calle. Klara determina que Josie es una muchacha de unos 14 años que está con su madre, Chrissy Arthur. Josie se sorprende de que Klara pueda oírla a pesar de la distancia. Antes de irse, Josie le promete a Klara que volverá.

Klara disfruta de su tiempo junto al escaparate, donde es testigo de varias escenas, como una feroz pelea entre dos taxistas, que ella cree que solo están jugando. También ve a una La mujer feliz con taza de café y a El hombre del impermeable que parecen haberse reunido recientemente. Luego es testigo de cómo un mendigo y un perro "mueren" porque dejan de moverse y de cómo son "revividos" por el sol al día siguiente. Pronto, es hora de que vuelva al centro de la tienda. Con el paso del tiempo, Rosa y Rex son elegidos por los niños y llevados a sus nuevos hogares. Al ser una versión anterior de cuarta generación B2, Klara finalmente es trasladada a la parte trasera de la tienda a medida que las versiones más nuevas de AF B3 se colocan junto a la ventana. Cuando Josie finalmente regresa, cree que Klara ya se ha ido. El gerente sugiere que elija entre los modelos más recientes, pero su madre lo rechaza, diciendo que carecen de empatía a pesar de las funciones cognitivas avanzadas. Luego son enviados a la parte trasera de la tienda, donde Josie finalmente ve a Klara.

El segundo capítulo comienza con Klara mudándose a la casa de Josie. El ama de llaves de la familia, Melania, también se presenta como alguien a quien parece no gustarle Klara. Mientras tanto, el mejor amigo de Josie, Rick, vive al lado. Es un niño "no elevado" nacido en una familia pobre y no puede permitirse su propia AF. A Josie no le importa la disposición de Rick y con regularidad acude su casa. Klara experimenta su primera vez al aire libre cuando visitan al niño. Ella ve cómo juega con un dispositivo circular que puede controlar criaturas mecánicas parecidas a pájaros en el cielo.

Los niños de la novela tienen el mandato de participar en "reuniones de interacción" donde aprenden a interactuar socialmente. Chrissy dice que interactuar con sus compañeros era algo habitual en su juventud y ya no sucede con la generación actual. Rick también participa, después de dudar al principio, ya que claramente sabe cómo los niños "elevados" lo discriminarán. En la fiesta, Josie presenta oficialmente a su AF, Klara. Los niños se jactan de que sus propios robots harán todo lo que se les diga. Josie de repente le ordena a Klara usando el mismo tono que usa con Melania. Poco después, algunos chicos quieren lanzar a Klara al otro lado de la habitación para divertirse y darle instrucciones para que haga cosas absurdas. Ella lo rechaza, avergonzando a Josie frente a sus amigos "elevados". Josie luego se muestra de acuerdo a un comentario de que los B3 son mejores, y agrega que desearía haber obtenido uno en su lugar. Rick le hace un comentario ofensivo a un chico que se burló de Klara. La madre del niño está a punto de regañar a Rick, pero se detiene ante la advertencia de los otros padres de no interferir, ya que todo el evento es parte de la interacción de los niños. Klara agradece a Rick por lo que hizo, y los dos hablan sobre cómo cambia Josie al interactuar con los niños "elevados". Luego hablan sobre el objetivo de evitar que su amiga se vuelva como ellos.

Tres semanas después de la fiesta, Josie no se siente bien. Su madre le dice que irán a las cataratas Morgan, sus favoritas, el domingo si se siente mejor. Josie le muestra a Klara fotos de ella, Chrissy y Sal en dichas cascadas. Sal era la hermana de Josie que murió de una enfermedad. Cuando llega el domingo, solo Chrissy y Klara se van de viaje, ya que Josie todavía está enferma y solo finge estar bien.

Mientras viajan a las cataratas, pasan por el refrigerador Kimball, donde solía trabajar el padre de Josie. Klara se entera de que los dos se separaron y que él ya no trabaja en la empresa después de la sustitución masiva que reemplazó a los humanos con IA o robots. En las cascadas, Chrissy le pide a la AF que finja ser su hija imitando el comportamiento de Josie y respondiendo sus preguntas como Josie. De camino a casa, le dice a Klara que no le cuente a Josie todo el incidente del juego de simulación.

El capítulo 3 comienza con Josie siendo fría con Klara ya que considera que el viaje de la AF con Chrissy es una traición. Unos días después, la salud de Josie empeora y la postra en cama. Klara se pregunta si el sol puede curar a su amiga. El médico de Josie, el Dr. Ryan, la visita con frecuencia mientras se recupera. Mientras Josie gana un poco de fuerza, pasa más tiempo dibujando. Rick comienza a acercarse para pasar tiempo con ella. Klara es testigo de cómo Josie y Rick juegan y tienen desacuerdos. También escucha con frecuencia cómo los dos planean "pasar su futuro juntos". Un día, juegan su "juego de burbujas", donde Josie dibuja personas con burbujas vacías sobre sus cabezas y deja que Rick las llene de palabras. Rick etiqueta la escena, sugiriendo que Josie cambia cuando está con otros niños. A Josie no le gusta y le dice a Rick que "crezca" porque, según ella, actuar de manera diferente es algo "adulto". Otro día, comienza a criticar a Rick, diciendo que su comportamiento insociable les impedirá llevar a cabo su "plan". Josie también agrega que su madre eligió a un niño "no elevado" como él para que fuera su amigo para poder tenerlo para ella sola. Rick está molesto por esto y toma represalias llenando las burbujas de los bocetos con cosas que hicieron enojar a Josie. El chico deja de visitar después.

Debido a la ausencia de Rick, Josie quiere estar sola todo el tiempo y comienza a debilitarse. Una vez, Klara la ve escribiendo y dibujando algo para el niño para la próxima vez que se encuentren. Klara está a punto de irse para entregarle la carta a Rick cuando Josie le pregunta si desea tener un dueño diferente. Ella le asegura a Josie que está feliz de haber sido elegida por ella. Rick recibe y agradece la nota que dice: "Rick y Josie para siempre".

Mientras tanto, Klara quiere ir al granero donde siempre se pone el sol, creyendo que puede curar a Josie como curó al mendigo y al perro. Rick se ofrece a ir con ella, pero antes de que puedan irse, aparece su madre Helen. Ella le cuenta a Klara sobre sus deseos de que su hijo vaya a Atlas Brookings, una universidad que acepta a un pequeño número de niños "no elevados". La AF la encuentra interesante porque ella está intentando que su hijo se vaya a un lugar lejano y la deje.

En el granero, Klara se da cuenta de que el lugar no es el lugar de descanso del sol pero aún se queda, pensando que podría visitarlo "antes de irse a dormir". Cuando el sol brilla intensamente al día siguiente, Klara le pide que cure a Josie y le hace una oferta. Ella declara que destruirá la máquina Cootings que vio en la tienda que genera contaminación a cambio de la recuperación de Josie.

Al día siguiente, Rick comienza a visitar de nuevo, haciendo muy feliz a Josie. Como su salud mejora, Josie tiene que ir a la ciudad para que el estimado artista Sr. Henry Capaldi, pinte su retrato. Chrissy también dice que el artista hablará con Klara ya que él está interesado en los robots. Rick y Helen se unen a ellos en la ciudad. En el camino, Klara comparte su plan para ayudar a Josie a mejorar. Melania dice que desmantelará al AF si Josie empeora en el proceso.

En el capítulo cuatro, Klara busca la máquina de contaminación mientras Paul, el padre de Josie, viene a verlos. Mientras conducen, Klara ve que su tienda anterior está siendo reemplazada por otra cosa, pero la Máquina Cootings todavía está en la misma área. Josie sugiere que vuelvan mañana para ver qué pasó con la tienda. En la casa del Sr. Capaldi, la madre de Josie entra en una habitación cerrada con Klara y el artista. Allí, ella expresa sus deseos de reemplazar a Josie con Klara en caso de que Josie muera. Klara se entera de que le habían hecho lo mismo a Sal pero fallaron. Chrissy le explica a Klara que se siente culpable por enfermar a Josie después de obligarla a ser "elevada".

Al día siguiente, van a la tienda donde Klara le pide a Paul que destruya la máquina. Luego se reúnen con el resto en un restaurante y conocen a Vance, el antiguo amante de Helen que tenía conexiones con Atlas Brookings. El padre de Josie elogia la capacidad de Rick para controlar los drones y dice que su habilidad sería reconocida incluso si no ha sido "elevado". Paul luego habla de su vida, viviendo con personas que son todas blancas y todas parte de "antiguas élites profesionales". Klara es reconocida por la camarera Cindy como la AF en el escaparate de la tienda. Las dos conversan cuando una mujer los confunde con asistentes al teatro y señala que no se debe permitir la entrada a los AF, expresando sus sentimientos sobre los robots que les quitan el trabajo y los asientos del teatro.

En el quinto capítulo, Klara ve que la máquina destruida había sido reemplazada por una nueva. Considera que esta es la razón por la que Josie todavía no se siente mejor. Después de regresar a su casa, las visitas del médico se convierten en algo cotidiano ya que la salud de Josie se deteriora. Klara regresa al granero con Rick para suplicarle al sol una vez más. En el establo, le cuenta a Rick cómo el sol curó al mendigo y al perro y cómo brilló sobre La mujer feliz de la taza de café y El hombre del impermeable. Ella le pide que considere cómo Josie y Rick se aman genuinamente.

Un día, cuando el cielo está oscuro, Chrissy le pregunta a Rick sobre sus pensamientos sobre "ganar", ya que estar "no elevado" significa que continuaría viviendo su vida mientras Josie muere. En lugar de enojarse, el niño responde con el mensaje que Josie le dio para su madre, que le dice a Rick que diga en el "momento adecuado". Rick le dice a Chrissy que Josie la ama tanto y que elegiría ser "elevada" de nuevo si tuviera otra oportunidad. Klara de repente grita que está saliendo el sol y se apresura a ver la brillante luz del sol llenando todos los rincones de la habitación de Josie.

En el último capítulo, Josie se recupera y se convierte en adulta. Rick deja de querer asistir a la universidad mientras ella asiste regularmente a retiros y viajes para prepararse para la universidad. Eventualmente se ven cada vez menos. Klara se preocupa por el amor mutuo de Rick y Josie ahora que es posible que tomen caminos separados. Él dice a la AF que sus sentimientos son ciertos incluso si deciden vivir vidas diferentes. Entonces Klara se pregunta si los dos serán como La mujer feliz de la taza de café y El hombre del impermeable.

Un día, el Sr. Capaldi viene de visita y le cuenta a Klara sobre el creciente rechazo a los AF. Quiere abrir la "caja negra" de los AF de funcionamiento interno y le pregunta a Klara si podría ofrecerse como voluntaria. Chrissy lo rechaza, insistiendo en que Klara se merece su "lento desvanecimiento". El primer día de Josie en la universidad, trasladan a Klara al Yard, donde se almacena la maquinaria vieja. Un día, La encargada va allí con la esperanza de encontrar a Klara. Cuando los dos se reúnen, La encargada le pregunta a Klara sobre su vida y le confiesa que ella siempre había sido una de las AF más notables de su tienda. También comparte que encontró a Rosa hace dos años, pero las cosas no terminaron bien. Klara le cuenta a La encargada sobre sus pensamientos pasados sobre reemplazar a Josie. Sin embargo, pronto se da cuenta de que nunca podría haberlo hecho por completo y que siempre faltaría algo. Klara luego dice que el sol siempre había sido amable con ella, especialmente cuando estaba con Josie.

Preguntas Fuegas 1

En Klara y el sol, la mayoría de los niños están modificados genéticamente. Los padres optan por "elevar" a sus hijos para que sean más avanzados que el resto, al tiempo que sacrifican su salud. ¿Por qué algunos padres recurrirían a modificar biológicamente a sus hijos para darles lo mejor, a pesar de conocer los efectos adversos?

_____

_____

_____

_____

_____

_____

_____

_____

_____

_____

Preguntas Fuegas 2

Los amigos artificiales o AF absorben la energía del sol. Estos robots de compañía alimentados por energía solar solo pueden ser adquiridos por los ricos. ¿Por qué los quieren los niños?

_____

_____

_____

_____

_____

_____

_____

_____

_____

Preguntas Fuegas 3

El libro describe a los AF como con géneros específicos. Klara y Rosa son AF femeninas, mientras que Rex es AF masculino. ¿Cuál es la importancia de asignar género a la inteligencia artificial?

_____

_____

_____

_____

_____

_____

_____

_____

_____

_____

Preguntas Fuegas 4

Cuando Klara fue colocada junto a la ventana, presenció muchas cosas. Vio cómo dos taxistas, que creía que estaban jugando, se peleaban. ¿Qué dice esto sobre la capacidad de los robots para interpretar sentimientos? ¿Cuál es la importancia de las emociones en un mundo científicamente avanzado?

_____

_____

_____

_____

_____

_____

_____

_____

_____

_____

Preguntas Fuegas 5

Paul, el padre de Josie, perdió su trabajo debido a la sustitución masiva del trabajo humano por robots o IA. ¿Cuáles pueden ser las diferencias entre humanos y máquinas al desempeñarse como empleados? ¿Cuál es la ventaja de la humanidad que les impide volverse obsoletos?

Preguntas Fuegas 6

Con el paso del tiempo, los amigos de Klara fueron llevados a sus nuevos hogares, dejándola atrás. Cuando los modelos más nuevos ingresaron al mercado, la trasladaron a la tienda trasera. Explica el concepto de "lo más nuevo es mejor".

_____

_____

_____

_____

_____

_____

_____

_____

_____

Preguntas Fuegas 7

La madre de Josie rechazó la sugerencia de La encargada de comprar la versión más nueva. Ella dijo que carecen de empatía a pesar de tener habilidades cognitivas avanzadas. ¿Qué implica este gesto sobre Chrissy?

_____

_____

_____

_____

_____

_____

_____

_____

_____

Preguntas Fuegas 8

Rick, un niño "no elevado" que proviene de una familia más desamparada, es el mejor amigo de Josie. Ella no prestaba atención a sus diferencias e iba a jugar con él de tomas maneras. ¿Cuál es la esencia de la inocencia en los niños?

_____

_____

_____

_____

_____

_____

_____

_____

_____

_____

Preguntas Fuegas 9

Los niños de la novela suelen ir a reuniones de interacción para aprender a socializar. Según Chrissy, este tipo de eventos son importantes ya que la interacción con otros niños es más rara en la generación actual. ¿Cuál es la esencia del desarrollo de la inteligencia social de un niño?

_____

_____

_____

_____

_____

_____

_____

_____

_____

_____

Preguntas Fuegas 10

Josie cambió su comportamiento hacia Klara después de enterarse de que otros niños son controladores con sus AF. ¿Por qué los niños son más vulnerables a la presión de los compañeros? ¿Cómo afecta esto a su bienestar?

_____

_____

_____

_____

_____

_____

_____

_____

_____

_____

Preguntas Fuegas 11

Chrissy quería reemplazar a Josie con Klara si su hija moría. Se reveló que ella había hecho lo mismo con Sal pero había fracasado. ¿Consideras que esto es una desventaja de la tecnología? ¿Cuál es el papel de la ética en este contexto?

Preguntas Fuegas 12

Cuando eran más jóvenes, Rick y Josie tenían su plan de "vivir juntos en el futuro". Sin embargo, esto cambió a medida que se convirtieron en adultos. Rick le dijo a Klara que sus sentimientos y los de Josie eran ciertos incluso si decidían vivir vidas separadas. ¿Cuál es el papel de la madurez en los pensamientos de un niño sobre las relaciones?

_____

_____

_____

_____

_____

_____

_____

_____

_____

_____

Capítulo Dos: Análisis y reseña
Klara y el sol

Klara y el sol es el trabajo más reciente de Kazuo Ishiguro después de ganar el prestigioso Premio Nobel de Literatura en 2017. Se sabía que Ishiguro nadaba entre las aguas de la memoria y el yo en sus obras pasadas. No hay duda de que usaría el mismo enfoque en su octavo libro. Inicialmente quería crear un libro para niños de 5 a 6 años con ilustraciones coloridas y una narrativa sencilla. El protagonista iba a ser un animal pequeño o una figura tipo muñeca. Ishiguro compartió esto con Naomi, su hija, quien también estaba tomando el mismo camino que su padre. Sin embargo, ella le dijo que los niños quedarían traumatizados por la historia.

Eligió narrar la historia desde la perspectiva de Klara, enfatizando su afirmación de que "nunca podría escribir en tercera persona", además de declarar sus puntos de vista sobre la inteligencia artificial. Es optimista sobre la revolución tecnológica que está ocurriendo ahora y está a punto de ocurrir en el futuro. Piensa que los robots y la IA a la vez son "alarmantes y emocionantes". Además, Ishiguro cree que las máquinas podrían competir codo con codo con, si no superar, a los novelistas en el futuro al crear un concepto de literatura completamente nuevo, de la misma manera en la que el modernismo transformó el arte de escribir y contar historias a lo largo del tiempo. Él le da mucha importancia a las diferentes formas de ver las cosas de la inteligencia artificial. Ishiguro diseñó a Klara para que fuera lo más humana posible, a pesar de sus antecedentes como producto de la ciencia y la tecnología. Pensó que tener un robot como personaje principal significaría que los lectores tendrían sentimientos sobre la identidad artificial y no sobre una persona real. Además, Ishiguro quería que Klara fuera tanto testigo como víctima de lo que probablemente suceda en el futuro. Klara vio cómo la sociedad había tomado forma, con la tecnología teniendo más prioridad que los humanos y cómo la gente se había vuelto demasiado dependiente de ella. Su incapacidad para "rebelarse" es análoga a la deferencia de las personas que optan por permanecer en relaciones abusivas a pesar de saber que son libres de irse. Ishiguro mostró a sus lectores una realidad alternativa cuando la inteligencia artificial alcanza sus etapas finales para reemplazar y replicar a los humanos y cómo los saltos más avanzados de las ciencias pueden contrarrestar a la humanidad en su conjunto.

Cuando le mostró a su familia el borrador de *Klara y el sol*, su esposa dijo que el libro le recordaba sus trabajos anteriores, *Lo que queda del día* y *Nunca me abandones*. Expresó sus deseos de formular una respuesta a la visión pesimista de sus libros pasados. Pero a diferencia de sus protagonistas anteriores que fracasaron en sus objetivos, Klara cumplió su misión, un final que Ishiguro trata como su forma de celebrar las cosas que vale la pena celebrar sobre la naturaleza humana.

Preguntas Fuegas 13

Klara y el sol es la primera obra del autor tras ganar el prestigioso premio Nobel. ¿Cuál es el significado de este libro para él como premio Nobel? ¿Cómo afectó el premio a la anticipación del libro por parte de sus lectores?

_____

_____

_____

_____

_____

_____

_____

_____

_____

_____

Preguntas Fuegas 14

Inicialmente, el libro iba a estar destinado a niños de 5 a 6 años. Ishiguro planeó incluir ilustraciones brillantes y coloridas y una narrativa simple. ¿Cuál es el significado de los colores y los dibujos en los libros para niños?

_____

_____

_____

_____

_____

_____

_____

_____

_____

_____

Preguntas Fuegas 15

Según Ishiguro, le resulta difícil escribir desde la perspectiva de la tercera persona. ¿Por qué algunos autores prefieren un punto de vista particular al escribir sus libros? ¿Qué pasaría si se obligaran a escribir desde un punto de vista desconocido?

_____

_____

_____

_____

_____

_____

_____

_____

_____

_____

Preguntas Fuegas 16

Ishiguro cree que pronto las IA podrían reemplazar y superar a novelistas como él. ¿Estás de acuerdo? ¿Por qué o por qué no? ¿Cuál es el escenario actual en el campo de la inteligencia artificial que le hizo llegar a tal conclusión?

_____

_____

_____

_____

_____

_____

_____

_____

_____

_____

Preguntas Fuegas 17

La incapacidad de Klara para rebelarse representa lo que está sucediendo en algunas personas: no pueden dejar las relaciones abusivas a pesar de experimentar violencia y maltrato. ¿Por qué estas personas se quedan en situaciones tan espantosas? ¿Cuál es el papel de las emociones en la consecución de la libertad?

Preguntas Fuegas 18

Ishiguro quería mantener el concepto de "corazón humano" en Klara. Se hace evidente en la simpatía que muestra por los demás personajes en la novela. ¿Cuál es la esencia de tener un "corazón" en un mundo con las tecnologías más avanzadas?

_____

_____

_____

_____

_____

_____

_____

_____

_____

_____

Preguntas Fuegas 19

Ishiguro compartió que quiere poder responder a sus trabajos anteriores. ¿Cómo logró esto con Klara y el sol? ¿De qué manera se relaciona el libro con sus libros pasados?

_____

_____

_____

_____

_____

_____

_____

_____

_____

Preguntas Fuegas 20

Ishiguro considera que las IA son "alarmantes y emocionantes". Sin embargo, no todos comparten el mismo sentimiento. ¿Qué contribuye a las diferencias de opinión sobre la inteligencia artificial? ¿Cómo afectan estas diferencias los paisajes culturales, económicos y científicos de un lugar en particular?

_____

_____

_____

_____

_____

_____

_____

_____

_____

_____

Capitulo Tres: Conozcamos Kazuo Ishiguro

Kazuo Ishiguro es un autor, guionista y músico británico. Nació en Nagasaki, Japón, el 8 de noviembre de 1954, de su padre Shizuo Ishiguro, un oceanógrafo físico, y su madre, Shizuko. La familia se mudó a Guildford, Surrey, debido al trabajo de su padre como investigador en el Centro Nacional de Oceanografía. Ishiguro pasó la mayor parte de su vida en Gran Bretaña y no en Japón, pero sus padres se aseguraron de que se le inculcaran los valores japoneses. Su alma mater preuniversitaria incluye Stoughton Primary School y Working County Grammar School. Ishiguro encontró su pasión y amor por la música cuando era un adolescente y admiraba a cantantes como Bob Dylan y Joni Mitchell. Era miembro del coro de la iglesia local. La aspiración de Ishiguro en ese entonces era convertirse en compositor profesional. Para lograrlo, comenzó a aprender a tocar la guitarra y a escribir sus propias canciones. En 1973, Ishiguro pasó todo el año viajando a los Estados Unidos y Canadá mientras enviaba demos a las compañías discográficas. Un año después, fue a estudiar inglés y filosofía en la Universidad de Kent en Canterbury y se graduó en 1978. Ishiguro obtuvo su maestría en escritura creativa en la Universidad de East Anglia en 1980. Adquirió la ciudadanía británica en 1983.

Ishiguro comenzó su carrera como escritor publicando su tesis *Pálida luz en las colinas* como su primera novela en 1982. El libro se ambienta en un Japón imaginario ya que nunca había estado en su país de origen pero tenía una sólida conexión emocional con él. En la historia, el personaje principal Etsuko comparte sus recuerdos posteriores a la Segunda Guerra Mundial y de qué manera trata de lidiar con el suicidio de su hija. El segundo libro de Ishiguro, *Un artista del mundo flotante*, se publicó en 1986. La historia trata sobre la vida del anciano Masuji Ono y su antigua carrera como propagandista imperial. En 1989, Ishiguro escribió su tercera novela, *Lo que queda del día*, la historia de Stevens, un mayordomo inglés cuyo carácter le impedía experimentar y comprender la intimidad. Ishiguro fue galardonado con el prestigioso Premio Booker por *Lo que queda del día*, consolidando su nombre entre los novelistas europeos más conocidos a la temprana edad de 35 años. El libro tuvo su adaptación cinematográfica en 1993. Su cuarta novela se publicó en 1995. En *Los inconsolables*, Ishiguro usó un estilo que se desvió de su cuerpo representativo de trabajo. Tiene lugar en una ciudad ficticia de Europa Central. En 2000, Ishiguro lanzó Cuando fuimos huérfanos, con Christopher, un hombre que busca a sus padres durante la Guerra Sino-Japonesa. En 2005, el libro *Nunca me abandones* se convirtió en la sexta novela de Ishiguro.

Contaba la historia de tres clones humanos y las implicaciones éticas de la ingeniería genética. El libro fue adaptado a una película en 2010. *El gigante enterrado* fue la séptima novela de Ishiguro, publicada en 2015. Narra la búsqueda de una pareja británica de ancianos que intentan encontrar a su hijo en un mundo que no permite que las personas conserven sus recuerdos a largo plazo.

Ishiguro ha escrito varias colecciones de cuentos como *Nocturnos: Cinco historias de música y crepúsculo*, publicada en 2009. También escribió guiones para muchas películas británicas, incluyendo La canción más triste del mundo y La condesa blanca en 2003 y 2005, respectivamente. Cumpliendo su entusiasmo por la música, Ishiguro ha coescrito muchas canciones y letras, incluidas temas del álbum de Stacy Kent, nominado al Grammy, Breakfast on the Morning Tram.

Ishiguro escribió todas sus novelas utilizando la narrativa en primera persona, excepto El gigante enterrado. Sus historias a menudo terminan con los personajes principales sin poder lograr una resolución. La mayor parte de su ficción finaliza lúgubre y tristemente. Los personajes han llegado a aceptar su pasado y en quiénes se han convertido y han encontrado consuelo al darse cuenta. Este estilo puede verse como un reflejo de la ideología japonesa del "mono no aware" o la "empatía hacia las cosas". Ishiguro cita a Dostoyevsky y Proust como sus influencias.

En 2017, el comité Nobel entregó el Premio Nobel de Literatura a Ishiguro, citando que sus obras "han descubierto el abismo debajo de la ilusoria sensación de conectar con el mundo". Ishiguro aceptó el "magnífico honor" y dijo que finalmente está "tras las huellas de los más grandes autores que han vivido". Dos años más tarde, Ishiguro recibió el título de caballero por sus contribuciones ejemplares al campo de la literatura. Ishiguro volvió al centro de atención con *Klara y el sol*, publicada en marzo de 2021. La historia se desarrolla en un mundo semi-distópico donde la Inteligencia Artificial ha reemplazado a los amigos de la infancia y se prefieren las máquinas al trabajo humano.

Preguntas Fuegas 21

Ishiguro nació en Nagasaki, Japón. La familia emigró al Reino Unido debido al trabajo de su padre. ¿Cómo afrontan los niños el choque cultural cuando se trasladan de residencia a otro país?

_____

_____

_____

_____

_____

_____

_____

_____

_____

Preguntas Fuegas 22

A pesar de vivir en Gran Bretaña, los padres de Ishiguro le inculcaron los valores japoneses fundamentales. ¿Cuáles son algunas diferencias entre la moral de los dos países? ¿Cuál es la importancia de estos valores en la vida de Ishiguro?

_____

_____

_____

_____

_____

_____

_____

_____

_____

_____

_____

_____

Preguntas Fuegas 23

Al crecer en una comunidad inglesa, Ishiguro experimentó sentirse "diferente" del resto. ¿Cómo responden los niños a estas diferencias de raza y etnia? ¿Cuál es el papel de los padres en la negación de las consecuencias adversas de la adversidad racial?

_____

_____

_____

_____

_____

_____

_____

_____

_____

_____

_____

Preguntas Fuegas 24

Ishiguro quería convertirse en compositor profesional. Se tomó un año sabático en 1974 y viajó a los Estados Unidos y Canadá, donde envió demos a compañías discográficas. ¿Qué dice esto de la pasión de Ishiguro por la música?

_____

_____

_____

_____

_____

_____

_____

_____

_____

_____

_____

_____

Preguntas Fuegas 25

Cuando Ishiguro prosiguió con su educación universitaria, se especializó en inglés y filosofía, no en música. Esto también es similar a muchos estudiantes: no terminan persiguiendo su pasión. ¿Qué factores los llevaron a esta situación? ¿Cómo afecta su futuro?

_____

_____

_____

_____

_____

_____

_____

_____

_____

_____

Preguntas Fuegas 26

En el caso de Ishiguro, le ha resultado beneficioso seguir una búsqueda académica diferente a la de su pasión musical. ¿Por qué a otras personas les resulta desafiante tomar un camino separado de lo que originalmente aspiraban a ser? ¿Cómo le ayudó la música como autor?

_____

_____

_____

_____

_____

_____

_____

_____

_____

_____

_____

Preguntas Fuegas 27

Ishiguro adquirió la ciudadanía británica en 1983. ¿Cuál es la esencia de adquirir la ciudadanía oficial? ¿Por qué algunas personas se enorgullecen de obtener tal logro?

_____

_____

_____

_____

_____

_____

_____

_____

_____

Algunas de sus novelas están ambientadas en una comunidad japonesa imaginaria. Ishiguro solo regresó a su país de nacimiento en 1989, unos 30 años después desde que su familia se mudó a Gran Bretaña. ¿Por qué es importante visitar el lugar de origen?

_____

_____

_____

_____

_____

_____

_____

_____

_____

_____

_____

El género de las novelas de Ishiguro es la ficción. Sus obras lo convirtieron en uno de los novelistas europeos más célebres a los 35 años. ¿Por qué la mayoría de los lectores prefieren la ficción a la no ficción? ¿Cuál es el papel crucial de la imaginación en el contexto de la preferencia literaria de un individuo?

_____

_____

_____

_____

_____

_____

_____

_____

_____

_____

Preguntas Fuegas 30

Ishiguro recibió el Premio Nobel de Literatura en 2017. ¿Cuál es el significado de este galardón para los autores? ¿Cómo influirá el premio en la calidad y en la recepción de los lectores de futuros trabajos?

_____

_____

_____

_____

_____

_____

_____

_____

_____

_____

Aparte de novelas y cuentos, Ishiguro también ha escrito guiones para muchas películas. ¿Por qué son necesarios los guionistas para la televisión y el cine? ¿Por qué los espectadores habituales suelen pasar por alto su importancia?

_____

_____

_____

_____

_____

_____

_____

_____

_____

_____

Preguntas Fuegas 32

Sir Ishiguro fue nombrado caballero en 2019 por sus contribuciones a la literatura. ¿Por qué es necesario que los gobiernos y los monarcas recompensen los servicios ejemplares de individuos específicos? ¿Cómo les beneficia otorgar premios (el gobierno o la Corona)?

_____

_____

_____

_____

_____

_____

_____

_____

_____

_____

_____

Capitulo Cuatro: Haciendo Klara y el sol

Los lectores que conocieron a Ishiguro esperaban ansiosos a *Klara y el sol* por la única razón de que es su primer libro desde que se convirtió en premio Nobel. Al igual que sus novelas anteriores, el libro se desarrolla en un mundo ficticio, excepto que esta vez, la protagonista es una androide construida con el propósito de acompañar a un niño hasta la edad adulta. Recibió críticas favorables y calificaciones altas de críticos y lectores por igual.

Publisher Weekly elogió el diseño de Ishiguro de Klara, particularmente sus observaciones de la naturaleza humana. Radhika Jones de The New York Times elogió el regreso de Ishiguro a su trabajo anterior, *Lo que queda del día*, afirmando que logró darle voz con éxito al sirviente en lugar del señor al dar más énfasis a Klara, el robot, en lugar de a los humanos que la rodeaban. Jones agregó que la brillante visión de Ishiguro prevalece en todo el libro a pesar de que no alcanza las mismas alturas artísticas que sus trabajos anteriores. The Economist también señaló la asociación de las novelas pasadas de Ishiguro con *Klara y el sol*, particularmente en la narración en primera persona de Klara sobre la moralidad. Anne Enright de The Guardian estuvo de acuerdo con esta observación, pero dijo que esos paralelos se pueden ver en otra obra de Ishiguro: *Nunca me abandones*. Según ella, esta similitud es evidente en el golpe emocional del personaje principal, ya que Klara, como la protagonista del otro libro, no sabía lo que sucedía a su alrededor. Maggie Sprayregen, de The Associated Press, dijo que Ishiguro permite que la historia se desarrolle lentamente de manera orgánica, lo suficiente como para despertar la curiosidad del lector mientras pasa cada página.

Los lectores de varias plataformas dejaron múltiples comentarios positivos para *Klara y el sol*. Usaron adjetivos como "extraordinario", "estimulante", "fantástico" y "bien escrito" al describir el libro. Muchos de ellos tienen muchas preguntas sobre algunos contenidos e instancias de la novela que Ishiguro dejó colgando intencionalmente. Esto sirve como un claro testimonio del estilo de Ishiguro, de suministrar piezas de misterios, que entran en juego. La mayoría de los lectores señalaron la forma del autor de mostrar la capacidad humana de experimentar emociones, particularmente el amor, y las incorporó a los avances de la ciencia y la tecnología.

Sin embargo, a pesar de las muchas críticas positivas, algunos lectores expresaron sus opiniones negativas sobre *Klara y el sol*. Muchos de ellos se sintieron molestos por el logotipo de Good Morning America pegado en la portada (el libro es la selección del club de lectura de marzo de 2021 de GMA). Algunos dijeron que la falta de cualidades atractivas del libro no hacía justicia a la reputación de Ishiguro como premio Nobel. Un usuario comentó que no tenía el entusiasmo esperado ni por los personajes ni por la historia a pesar de haber llegado a la mitad.

Ishiguro tuvo varias entrevistas en línea mientras promocionaba el lanzamiento del libro. En uno, compartió que estaba conmocionado con lo que está sucediendo con el mundo mientras el Coronavirus devastó a la mayoría de los países. Sintió una sorprendente similitud en su último trabajo con cómo el mundo se ha visto obligado a adaptarse a cambios masivos, como la forma en que la vida de las personas en la novela cambió debido a la ciencia. *Klara y el sol* fue leída por la actriz Lydia Wilson, y la versión abreviada por Richard Hamilton en BBC Radio 4 como una transmisión en diez partes entre el 7 y el 19 de marzo de 2021. También está programada para una adaptación cinematográfica que será producida por Dahvi Waller bajo Sony's 3000 Pictures.

Ishiguro sigue el mismo género (ficción) en Klara y el sol. ¿Por qué la mayoría de los autores optan por tener un género uniforme en todas sus obras? ¿Qué pasaría si de repente cambiaran de especialidad?

_____

_____

_____

_____

_____

_____

_____

_____

_____

_____

_____

Preguntas Fuegas 34

Jones señaló las similitudes entre los trabajos anteriores y más recientes de Ishiguro. La misma observación fue compartida por otros críticos. ¿De qué manera la misma conclusión puede implicar una reseña negativa o desfavorable?

_____

_____

_____

_____

_____

_____

_____

_____

_____

Preguntas Fuegas 35

La AP dijo que Ishiguro permitió que la historia se desarrollara orgánicamente. ¿Cuál es la importancia de tener un desarrollo lento y "orgánico" de la trama de la historia? ¿Cómo afecta a los lectores este hecho?

_____

_____

_____

_____

_____

_____

_____

_____

_____

_____

_____

_____

Preguntas Fuegas 36

Muchos lectores dejaron palabras positivas para Klara y el sol. ¿Cuál es la esencia de "invitar a la reflexión" en las obras de ficción? ¿Qué sucede cuando las opiniones y creencias de los lectores son influenciadas por lo que están leyendo?

_____

_____

_____

_____

_____

_____

_____

_____

_____

Preguntas Fuegas 37

Ishiguro dejó intencionalmente algunas partes de la historia a la imaginación de los lectores. ¿Por qué es necesario que los escritores incluyan el carácter abierto al escribir un libro? ¿Cuándo dejar muchas cosas "colgadas" no es bueno?

_____

_____

_____

_____

_____

_____

_____

_____

_____

_____

_____

Preguntas Fuegas 38

A algunos lectores no les gustó ver el logotipo de GMA en la portada del libro. ¿Cómo deberían los autores abordar este tipo de críticas? ¿Cómo pueden lograr el equilibrio de una buena portada mientras muestran sus premios?

_____

_____

_____

_____

_____

_____

_____

_____

_____

Otra crítica negativa habló sobre cómo el libro no logró hacer justicia al premio Nobel de Ishiguro. ¿Basta una sola obra para desacreditar la reputación general del autor y del comité de adjudicación? ¿Por qué la mayoría de la gente relaciona la identidad y el trabajo de un autor con sus premios?

_____

_____

_____

_____

_____

_____

_____

_____

_____

_____

_____

_____

Preguntas Fuegas 40

Klara y el sol se adaptará a una película. ¿Cuál es la esencia de las adaptaciones cinematográficas de libros? ¿De qué manera pueden mejorar y / o disminuir la reputación del libro?

_____

_____

_____

_____

_____

_____

_____

_____

_____

_____

Descargas extra
¡Obtén libros gratuitos!

Made in the USA
Monee, IL
26 April 2022

95484625R00037